TECNICAS DE

SEDUCCION

RESUMEN DE LOS PRINCIPALES LIBROS DE SEDUCCION.

ALEJO RYB

OBJETIVO DE ESTE LIBRO.

En este libro me he propuesto resumir las técnicas de los principales libros de seducción.

Los libros que son referencia en la comunidad de seducción, y que son utilizados por los coach de seducción de todo el mundo para el aprendizaje de la seducción.

Me referiré a los principales autores y libros, pero de manera muy orientadora, que no suple la lectura de los mismos.

Esto no es porque yo sea una especie de Casanova, sino porque me gustó el tema, estuve leyendo y quiero compartir lo que pude ir aprendiendo.

INTRODUCCION

Desde el principio de los tiempos, el hombre quiere conocer las técnicas para seducir.

Hoy sigue vigente el mismo interés: las revistas de mujeres hablan de pareja, hablan de seducción, y, entre los hombres, han florecido las denominadas comunidades de seducción.

Sin embargo, en la mayoría de las Facultades de Psicología de las principales universidades del mundo, la seducción no es una materia específica. Si a la pregunta ¿La psicología es una ciencia? se le responde que sí, entonces claramente la seducción forma parte de la psicología.

Hay experimentos que realizan los investigadores en psicología como aquel que realizó el experto en relaciones personales de la Universidad de Nueva York, Arthur Aron. El psicólogo procuró indagar cuáles eran las causas de la seducción. Su interrogante fue si un hombre se podía enamorar de cualquier mujer y una mujer de cualquier hombre.

En la investigación, llamada «La generación experimental de

cercanía interpersonal: un procedimiento y algunos hallazgos preliminares», (consistía en reunir a desconocidos y hacerles pasar por una serie de preguntas muy íntimas que ellos debían responder), concluyó que la creación de un marco de intimidad contribuía a desencadenar la seducción y el enamoramiento.

Además, cabe destacar los desarrollos de la antropóloga Helen Elizabeth Fisher, de la Universidad Rutgers, que se dedica a la investigación del comportamiento humano, con especial interés en el Amor Romántico y en las causas que lo pueden desencadenar.

En su libro "Why we love: The nature and chemistry of romantic love (Por qué amamos: Naturaleza y química del amor romántico)", Fisher propuso la teoría de que la humanidad había desarrollado tres sistemas cerebrales principales para el apareamiento y la reproducción:

Lujuria: impulso sexual o libido.

Atracción sexual selectiva: amor romántico intenso de la etapa inicial de la relación.

Apego: sentimientos profundos de unión con un compañero a largo plazo.

En 2006, las investigaciones de Helen Fisher con imágenes por resonancia magnética, mostraban que el área tegmental ventral y el núcleo accumbens se volvían activos cuando la gente estaba locamente enamorada. Este trabajo de Fisher apareció en el artículo "Love - the Chemical Reaction", mostrado en la portada del ejemplar de febrero de la revista National Geographic.

Desde un punto de vista de la Terapia Cognitivo-Conductual, el amor es un estado mental orgánico que crece o decrece, dependiendo de cómo se retroalimente ese sentimiento en la relación de los que componen el núcleo amoroso.

La retroalimentación depende de factores tales como el comportamiento de la persona amada, sus atributos involuntarios o las necesidades particulares de la persona que ama (deseo sexual, necesidad de compañía, voluntad inconsciente de ascensión social, aspiración constante de completitud, etc.).

Desde el punto de vista de la Psicología Humanista, la definición de amor más delimitada que aporta el humanismo es la de Carl Rogers, también considerada por Abraham Maslow: «amor significa ser plenamente comprendido y profundamente aceptado por alguien».

Según Maslow, «el amor implica una sana y afectuosa relación entre dos personas». Partiendo de estas dos definiciones, la necesidad de amor se basa en algo que incita a las personas a ser aceptadas y adheridas a una relación."

Dice Maslow: «La necesidad de amor implica darlo y recibirlo […], por tanto, debemos comprenderlo; ser capaces de crearlo, detectarlo, difundirlo; de otro modo, el mundo quedará encadenado a la hostilidad y a las sombras».

Desde la psicología cognitiva y psicología social, destacan las investigaciones efectuadas acerca del amor de Robert J. Sternberg, quien propuso la existencia de 3 componentes en su teoría triangular del amor:

1- La intimidad, entendida como aquellos sentimientos dentro de una relación que promueven el acercamiento, el vínculo y la conexión.

2-La pasión, como estado de intenso deseo de unión con el otro, como expresión de deseos y necesidades.

3- La decisión o compromiso, la decisión de amar a otra persona y el compromiso por mantener ese amor.

Estos tres componentes pueden relacionarse entre sí formando diferentes formas de amor: intimidad y pasión; pasión y compromiso; intimidad y compromiso, etc.

En el campo del psiconálisis, es conocido el libro de Erich Fromm "El Arte de Amar".

Según Fromm, la mayoría de la gente identifica el amor con una sensación placiente. Él considera, en cambio, que es un arte, y que, en consecuencia, requiere esfuerzo y conocimiento. Desde su punto de vista, la mayoría de la gente cae en el error de que no hay nada que aprender sobre el amor, motivados, entre otras cosas, por considerar que el principal objetivo es ser amado y no amar, de modo que llegan a valorar aspectos superficiales como el éxito, el poder o el atractivo que causan confusión durante la etapa inicial del pretendido enamoramiento, pero que dejan de ser influyentes cuando las personas dejan de ser desconocidas y se pierde la magia del misterio inicial.

Freud, en "Introducción al Narcisismo" (1914), llega a especular que "se ama a lo que posee el mérito que le falta al yo para alcanzar el ideal".

No obstante, dentro de las universidades de Psicología, y con la excepción de estos apuntes imprecisos, no se le da a la Seducción el status de materia completa. No se la considera, de manera clara, como una disciplina científica especializada en darle a la persona las herramientas de desarrollo personal que necesita para vincularse con el sexo opuesto.

Esta tendencia cerrada está empezando, poco a poco, a cambiar.

La asignatura "Psicología del amor y del sexo" ya es obligatoria en las universidades chinas en virtud de las nuevas exigencias de salud mental que publica el Ministerio de Educación de China. Pero, no obstante, en la predominante corriente, y, en líneas generales, los profesionales de la psicología (así como los coach y los consultores psicológicos), hoy no tienen una sólida formación científica en seducción, y no están capacitados -ni les interesa estarlo- para responder a la demanda de quien los consulta para mejorar sus habilidades con el sexo opuesto.

La seducción es una parte muy importante del desarrollo personal. Quien no sabe seducir, tiene con ello una grave limitación que le perjudica la posibilidad de vivir plenamente su vida. Por eso, es legítima la demanda creciente de quienes desean mejorar sus habilidades de seducción. Y, frente a la escasa respuesta que se da desde ámbitos más clásicos de la psicología, comenzaron a cubrir esa demanda las llamadas "Escuelas de Seducción" que le enseñan a las personas a seducir y a volverse atractivas con el sexo opuesto.

Poco a poco se forman "comunidades de seducción", donde hombres se reúnen para intercambiar consejos, experiencias y técnicas que les permitan mejorar sus habilidades para seducir al sexo opuesto. En la novela auto-biográfica "El Método" de Neil Strauss, se nos cuenta cómo el protagonista se introduce dentro de este submundo de las comunidades de seducción, donde los llamados Maestros de la Seducción, ayudan a los hombres a mejorar sus habilidades, y logran que personas frustradas (en la jerga: típico tío frustrado), se conviertan en seductores.

Dentro de estas comunidades, y esta industria, se toma muy en serio responder a la demanda de quienes desean seducir. Por eso, se empieza a desarrollar un conjunto de conocimientos que denominamos "Seducción Científica".

El psicólogo e investigador alemán Andreas M. Baranowsky, en un interesante trabajo "La ciencia de la seducción" (2011), se propuso someter a experimento científico la eficacia de los consejos y tips que brindan las escuelas de seducción.

Inicialmente escéptico respecto de los resultados, pudo advertir, de manera empírica, que realmente estas técnicas incrementan el número de citas de los hombres y también el resultado positivo que obtienen las mujeres.

El trabajo concluye que estos conocimientos son científicos. Los resultados demuestran que las habilidades sociales se pueden desarrollar.

Encontramos, dentro de la ciencia de la seducción, distintas líneas teóricas, acorde a la influencia que tiene sobre la Escuela de Seducción la enseñanza de alguno de los principales autores.

Aparecen los llamados "coach de seducción". Son instructores que llevan a los hombres a los clubes nocturnos y les enseñan ejercicios. Los ayudan a interactuar con el sexo opuesto.

La seducción científica creció. Las comunidades de seducción pronto se expandieron por todo el mundo.

En España y en Latinoamérica, tomando los ejemplos norteamericanos, surgen también los Coach de Seducción, autodenominados Maestros de la Seducción, que con una fuerte influencia de las teorías de los principales autores, van desarrollando sus propios métodos, y estableciendo aranceles para sus talleres de seducción, y práctica del juego de día (daygame = consiste en ir a abordar chicas durante el día y abordarlas), y el juego de noche (night grame = abordar chicas durante la noche).

A la vista de que estas técnicas, dan resultados valiosos y las personas que acuden a los Coach de Seducción, o a los Maestros de la Seducción, realmente mejoran, el modelo se empieza a repetir y nuevas escuelas de seducción van surgiendo en otros países.

El propósito de este trabajo será resumir las teorías y técnicas de los libros que resultan principales referentes en el área de Seducción, que generaron esta tendencia, y luego hacer también un repaso de cómo esta tendencia está creciéndose y desarrollándose en distintos países.

ANTECEDENTES.OVIDIO NASON.

Uno de los primeros autores importantes en proponer métodos o consignas para seducir fue el poeta Ovidio Nasón (año 8 D.P.) con el libro "El Arte de Amar" y el libro "Remedios de Amor".

Entre otros consejos y observaciones, Ovidio decía:

"Las mujeres lo negaran o lo aceptaran, pero lo que siempre quieren es que se lo pidamos."

"Mucho amor germina en la casualidad; tened siempre dispuesto el anzuelo, y en el sitio que menos lo esperáis encontraréis pesca."
"Todo amante es un soldado en guerra"

Mucho más tarde, Erich Fromm escribe una obra del mismo título "El Arte de Amar", donde considera que el amor es un arte que requiere conocimiento y esfuerzo.

EL METODO "MYSTERY"

Erik von Markovik, con el pseudónimo "Mystery", publicó el libro "The Mystery Method: How to Get Beautiful Women into Bed"

El propósito del libro es ayudar a los hombres a seducir mujeres.

Mystery señala lo que considera un frecuente error de los hombres. Iniciar la etapa de la seducción mucho antes de que la mujer se sienta atraída y con ello le hacerle perder el interés.

Entonces, explica, hay una etapa anterior a la seducción orientada a que la mujer se sienta atraída por el hombre. Dentro de esta etapa, se recomienda incluso fingir falta de interés en la mujer.

Por ejemplo: Mystery recomienda abordar grupos de mujeres, ganar el centro de la atención del grupo con una conversación interesante y no darle importancia ni interés a la mujer que se intenta seducir, logrando que sea ella la que primero se sienta interesada.

En esta etapa, orientada a crear "valor", se señalan algunas conductas que le harían pensar a la mujer que el hombre es apto, y un buen candidato biológico para pasar los genes a la generación siguiente. Una de ellas es comportarse como un líder, y eso sucede si se logra que el grupo de mujeres se interese en la propia conversación.

Pero… ¿Qué es el valor? Allí es donde Mystery toma elementos de la psicología evolucionista y propone toda una explicación sobre aquellos rasgos que despiertan atracción emocional y sexual en las mujeres.

Elegir al compañero sexual no fue siempre un acto de diversión.

A lo largo de los doscientos mil años que el ser humano lleva sobre la Tierra, la mayor causa de mortalidad femenina ha sido el embarazo y parto. Elegir al hombre indicado fue una cuestión de vida o muerte para la mujer.

Entonces, si para la mujer elegir es tan importante. ¿Cómo elige? ¿Qué le atrae de un hombre? A las mujeres les atrae principalmente el Valor de Supervivencia.

¿Cómo se moldea este fenómeno evolutivamente? Las mujeres que se sintieron atraídas por compañeros que no les garantizaron la supervivencia y se reprodujeron con ellos, probablemente no hayan dejado descendencia, pues ellas y sus crías deben haber perecido en el intento. En términos de selección natural, fueron más aptas (y, por lo tanto, dejaron más descendencia) las mujeres más selectivas, que detectaron mejor los valores de supervivencia en los hombres.

Declaración de ética del Mystery Method: hay que centrarse en la atracción y no en la seducción. Dice el autor: "Desde un punto de vista ético somos atrayentes, no seductores".

Equipado con toda esta explicación –que le debe mucho a la psicología evolucionista-, Mystery sostiene que, en una primera etapa del rito de seducción, el hombre debe estar orientado a demostrar un Alto Valor de Supervivencia. De esta forma, la mujer se sentirá atraída y lista para entonces comenzar la siguiente etapa.

Brinda consejos para demostrar valor en esta etapa. La

regla de contar hasta tres: si ves una mujer que te gusta, le debes ir a hablar antes de los tres segundos. Pasados esos segundos, si hay dudas, entonces eso demuestra inseguridad e implica bajar el Valor.

Mystery entonces critica a los hombres que comienzan la seducción demostrando interés. Primero deben demostrar valor. Darle interés a la mujer objetivo reduce el propio valor. De ahí el error de comenzar la seducción antes que la mujer vea el propio valor.

Mystery recomienda vestimentas que tengan algo exótico y que llamen la atención. Hay que mostrar originalidad para que ellas presten atención y se interesen. Mystery, que trabajaba como mago, enseña la importancia de "las rutinas" con las cuales se mantiene una conversación con la mujer. Lo ideal son aquellas rutinas que le permitan al hombre mostrar su propio valor.

Luego de crear valor, llegaran los indicadores de interés de la mujer. A partir de allí, se la puede "premiar" por algunas conductas de ella; algo que ella dice o hace, merece la atención del hombre, y gracias a que ve algo especial en ella, le empieza a dar su atención.

Las mujeres adoran hablar. Nosotros usaremos esto en

beneficio propio.

El error común entre los hombres es buscar una conexión personal con una mujer, sin que ésta se haya mostrado interesada entenderla. Ahora bien, si deja ver su interés, espera que queramos saber algo de ella. Si no lo hacemos, pensará que sólo nos atrae su físico.

En esta fase es cuando comenzamos a validarla y mostrar un interés directo por conocerla. Se tratará de reconocer rasgos que tiene de especial y que la hacen distinta a las demás. Por eso se estimulará a que ella haga lo que más le gusta hacer una mujer: hablar de sí misma. Entonces, a partir de escucharla, se puede reconocer lo que la diferencia y validarla por eso. Si lo hacemos correctamente, podremos estar a solas en la etapa de Confort.

A lo seguido de crear valor, luego de los indicadores de interés, comienza, entonces, una etapa de "crear confort" donde se busca la conexión emocional, intentar crear complicidad, y se puede mostrar incluso alguna vulnerabilidad.

Finalmente, luego de crear confort, lograda la conexión emocional, viene la etapa de la seducción donde se avanza sobre la mujer.

El juego de la seducción, entonces, se divide en tres etapas necesarias:

1-Atracción

2-Confort

3- Seducción.

Mystery utiliza la categoría Pickup Artist… o Artista del Ligue. Un Artista del Ligue es aquel que conoce como nadie estas técnicas de seducción, maneja rutinas que le ayudan a crear valor, y puede enamorar mujeres en cualquier lugar y circunstancia.

Luego de mucha práctica con estas técnicas y de conocer el juego, Mystery promete que podremos convertirnos en un Artista del Ligue.

Mario Luna, en su libro Sex Code, despliega en versión hispana muchos de los conceptos desarrollados por Mystery.

Atención: esto fue solamente una aproximación, para comprender bien el Mystery Method debe leerse el libro de Mystery.

ORGULLO Y DESAPARICION. FABIO FUSARO.

Fabio Fusaro es co-autor del libro "La Mujer de tus sueños. Instrucciones para enamorarla". Sin embargo, sus técnicas y teorías alcanzaron mayor notoriedad en el plano de las relaciones de pareja.

Un maestro de la seducción especializado en el tema sobre cómo tratar a la novia o a la ex novia. En su libro "Mi Novia. Manual de Instrucciones" contará historias de conocidos y amigos apuntadas a "abrir los ojos" a todos aquellos que tienen mucha confianza en su novia.

Más tarde, en otro de sus libros más celebrados "Mi ex novia" profundiza la situación de la persona abandonada y las diversas técnicas para recuperarla o "recuperarte de ella". De profesión counselour, da también ayuda, asistencia, a personas normales en procesos de crisis o cambios como pueden ser entre otros las rupturas de pareja, u otras. Sin embargo, las relaciones de pareja y sus rupturas son su especialidad.

Aunque uno de sus conceptos fundamentales es la importancia del Orgullo para atraer, para mantener la atracción y para recuperar, también el autor da una mirada algo pesimista de las relaciones de pareja.

La fidelidad, para Fusaro, es apenas una circunstancia. En su libros, abunda en historias sobre mujeres infieles o que dejan a su novio por otro. Lo que sucede es que, cuando estamos enamorados, no queremos ver la realidad. Entonces es más fácil que nos engañen.

Fabio Fusaro propone una serie de "frases prohibidas". Si un hombre las dice a su novia, "es boleta".

Algunas de estas frases son:

"Si te pierdo, me muero"

"¿Alguna vez quisiste a alguien como a mí?"

"Ya no me interesa conocer ninguna otra mujer"

"Sin vos no podría seguir viviendo".

Fusaro no explica bien sus razones acerca de por qué cree que, si un novio le dice estas u otras frases a su novia, la acabará perdiendo. Medio en broma, se limita a decir que es así, que es científico. No obstante, los fundamentos del consejo pueden bucearse en su concepción, para él lo más importante es mantener el orgullo, no dejarse arrastrar por amor, ni mostrarse como una persona necesitada del amor.

Emulando a Mystery que había postulado los INDICADORES DE INTERES, Fusaro propone los IDQ, o "indicadores de quilombos".

Ante la llegada de un IDQ, dice Fusaro, podemos estar seguros de que algo anda mal y, en la mayoría de las ocasiones, será otro hombre que le interesa.

Es que las mujeres son como Tarzan: no sueltan una liana sin tener agarrada otra.

Algunos de estos IDQ propuestos por Fusaro serían: empieza a criticar cosas tuyas que antes no criticaba; no se ríe como antes de tus chistes; si la vas a buscar al colegio, facultad, club, no demuestra gran alegría; está más peleadora de lo normal; cuando hablan por teléfono, últimamente ella es la que se despide primero.

Y, entre todos estos IDQ, los más peligrosos, dentro de la escuela de este importante y reconocido autor, es cuando dice "estoy confundida" y cuando dice "necesito un tiempo". Para Fusaro, la idea de que está confundida es una farsa, porque si estuviera confundida lo pensaría mejor antes de hacer un planteo de estas características, pero si ha decidido encarar al novio La táctica que propone es la "desaparición". Se debe borrar todos sus datos que permitan el contacto: usuario de msn, wats up, facebook, todo.

Eso es "desaparecer". Fusaro critica el comportamiento de los hombres abandonados que, a pesar de que los dejaron, siguen viendo a sus ex parejas. Entonces "te dejó… pero no te perdió". Si ella no siente que te pierde… ¿Cómo se va dar cuenta de que te extraña? Para el counselour, hay que desaparecer completamente, ya que, desde su concepción, la indiferencia es la estrategia más importante para poder despertar nuevamente el interés de quien nos ha abandonado.

En su libro "Mi ex novia", el autor propone el tema de lo que llama "testeos".
Implementada la técnica de la desaparición, la ex novia pronto siente el golpe de la indiferencia. Recurre a "testeos". Pruebas para quedarse tranquila de que su ex – novio, sigue allí, muerto por ella. Una vez realizado el testeo, cuando se queda tranquila que su ex – novio la sigue esperando, retoma la relación nueva que está comenzando, más tranquila.

Según aconseja, los mails vacíos no se responden. Nada. Ni siquiera se le pregunta si tuvo un error. No se responden. Los mails con cadenas de mails que nos incluyen, no se responden. Los sms no se responden. Y si ella llama, habría que cortarle el teléfono diciendo algo como "discúlpame estoy ocupado, te llamo en un rato", y luego no llamarla.

Si ella propone una reunión, no hay que dar por sentado que va a proponernos volver, tal vez solamente quiere "hablar" (en realidad, solamente quiere quedarse tranquila de que estamos ahí, desesperados).

LAS PALABRAS MAGNETICAS. BOBBY RIO.

Bobby Rio es un autor considerado experto en todo lo que sea "conversaciones" y "palabras" con las mujeres.

Bobby Rio nació el 1 de enero de 1980 en los Estados Unidos. Antes de su carrera como entrenador de citas y relaciones, trabajó en un restaurante, como profesor de inglés, e incluso comenzó su propio negocio de pintura de casas.

Sin embargo, estaba luchando para llegar a fin de mes en este momento. Aún recuerda cómo su novia tuvo que pagar el depósito de daños por su nuevo y pequeño departamento, y también por todos sus muebles. Esto es cuando comenzó a trabajar en la creación de su primer producto digital en su tiempo libre, mientras dirigía su negocio de pintura de casas.

Bobby publicó con éxito su primer producto digital en 2009, llamado Conversation Escalation: Make Small Talk Sexy. Desde entonces, ha creado más de 20 productos adicionales y ha sido coautor de "The Guru Black Book" junto con los 20 mejores entrenadores de citas de Estados Unidos.

Sus conceptos sobre mensajes de textos apropiados y temas de conversación atrayente han recorrido el mundo y pululan en todas las escuelas de seducción.

Alvaro Reyes, y David del Bass, entre otros coach de seducción, han utilizado sus ideas para brindar seminarios y talleres.

Dice este autor en su libro "Pequeñas conversaciones sexys":

"Una experiencia emocional es sorprenderla con un comentario descaradamente honesto que la emocione y a la vez la asuste. De eso se trata crear emociones."

Plantea que hay tres claves para crear conversaciones que generan emociones: 1) Curiosidad 2) Descaro 3) Humor.

Al respecto de la curiosidad nos dice:

"Muchas veces, cuando estás hablando con una mujer, ella te da pistas sobre qué cosas serían un tema divertido. Por ejemplo, las cosas que intenta saltarse, o cuando te está contando algo y de repente dice algunas palabras entre dientes, te hacen sentir curioso y le dices, "¿Que acabas de decir?". Muchas veces el oro está allí."

Y respecto del descaro nos dice que la clave para lograrlo es:

a) Ser un poco insolente

b) Ser un poco audaz

c) Tener un poco de desfachatez

d) Ser un poco irrespetuoso

Aunque llega a ser obvia la manera de lograr estos cuatro puntos el autor no se priva de ir a consejos concretos y nos dice:

"Una manera de ser insolente es darle un consejo que ella no solicitó. Digamos que estás hablando con una chica que tiene pelo rubio y le dices, "lucirías muy sensual con pelo negro"; así le diste un consejo que ella no pidió.

Es algo demasiado familiar pero al mismo tiempo es lo suficientemente impactante para captar su atención. Entonces ella piensa, "¿Realmente acaba de decirme eso?"; hace que ella piense algo como guau, ¿es correcto eso? ¿Debería haberme dicho eso?"

Para ser un poco irrespetuoso da consejos prácticos del estilo de no responder siempre lo que ella nos dice:

Por ejemplo: " Si ella dice algo como, "Así que, ¿dónde te criaste?", puedes responder con, "Ah, así que la otra noche salí y..."; ignora su pregunta por completo, y más tarde puedes volver a lo que te preguntó y responderle".

Al respecto de ser divertidos, dice que es muy diferente una persona chistosa de una divertida. Mientras que el chistoso cuenta chistes, la divertida tiene un comportamiento divertido.

Hay que tratar de lograr que la conversación parezca una comedia romántica. Una forma es malinterpretarla a propósito.

También recomienda hacerle juegos chistosos de bullyng. Dice que bullyng es cuando, en broma, te comportas como un bravucón:

"Tal vez puedes pararte en su camino, entonces cuando ella dice que tiene que ir al baño o ir por un trago, tú te paras en el medio y no la dejas pasar. Puedes instigar una pelea entre ella y alguien más. Puedes decirle, "Dios mío, esa chica estaba hablando pestes de ti"; debes hacerlo en forma de broma para que todos sepan que estás bromeando, pero juguetonamente estás instigando una pelea entre ella y una de sus amigas, o alguien que ella conoce".

Otro de los libros de Bobby Rio más importantes es Magnetic Messages (escrito junto a Rob Judge).

Allí sostiene que la clave de los mensajes de texto es 1) despertar emociones 2) crear conexiones 3) manejar la logística.

Se desaconseja entonces enviar mensajes comunes como "Hola" ya que, para crear emociones 1), es importante por ejemplo que el primer mensaje sea una broma. Luego, para "crear conexiones" 2), se puede usar algo que aluda a la situación que vivieron cuando se conocieron y te dió su teléfono celular, algo que recuerde esa anécdota, algo que sea "íntimo" entre ustedes dos, algo que le haga recordar lo que vivieron al conocerse y que sólo ustedes saben.

Por ejemplo, una de las cosas que más aconseja es crear lo que llama un "chiste interno". Un chiste interno es por ejemplo tomarle el pelo con su grandes habilidades de nerd. Más tarde, cuando le mandas el mensaje, recuerdas esa misma broma. Otra forma fácil es ponerle un apodo. O un chiste interno puede aludir a algo que pasó entre ustedes. Entonces en los primeros mensajes además de crear emociones, se busca apelar a las conexiones, y el chiste interno es una manera sencilla de lograrlo.

Y, respecto de manejar la logística, 3), es importante pensar cuál es el objetivo de esos mensajes, y el objetivo es lograr una cita.

Es decir: si sigues despertando emociones, y creando conexiones, podrás ir a la friendzone, porque no se debe pasar más de tres o cuatro mensajes sin concretar una cita.

En su libro "Tácticas para Charlas Cortas", Bobby Rio dice que él había aprendido de Mystery y de Style, pero fracasaba por no saber hacer "charlas cortas". Y por eso da algunos consejos para poder lograr estas charlas.

Nos dice:

"Lo primero que tienes que hacer para crear la intención sexual es ROMPER LA COMODIDAD cuando sientas que una mujer se está volviendo demasiado cómoda a tu alrededor... La tensión sexual procede de la voluntad mezclada con incertidumbre, suspenso, e incluso un poco de nerviosismo... Si estás en el medio de una conversación de una hora con una chica sobre comida sana (o los Yankees, o de viaje, o sus trabajos)... no hay tensión, no hay incertidumbre, no hay suspenso..."

Por ejemplo si ella está hablando largamente de sus problemas psicológicos se la puede interrumpir y decirle:

"Si seguimos hablando de esto te voy a cobrar $200 la hora por la terapia. ¿Trajiste tu tarjeta de crédito? "

El autor insiste con su concepto de que hay que romper la comodidad. Ello es porque, para él, el interés sexual se va a despertar cuando haya tensión y para crear tensión resulta crucial que no exista comodidad.

Insiste reiteradamente que no hay que divagar sobre temas largos sino hacerle saber la intención sexual. Y si está demasiado cómoda hablando, entonces de cualquier manera se puede romper la comodidad

"La miro y le digo: "¿Qué nunca te callas?" Por lo general me mira como si me hubiera vuelto loco… Pero la TENSIÓN SE SUBE HASTA EL TECHO…. Y la comodidad se habrá roto... y desde allí le daré una pequeña sonrisa... entonces la empujaré ligeramente de manera coqueta... y diré "OH... ¿Te he hecho enojar? ..." Y ahora estamos COQUETEANDO"

Al contrario de eso, dice que la mayoría de los hombres se aferran a la comodidad y hablan de pavadas. Lo importante es hacerle saber nuestra intención sexual.

Como ejemplo de hacerles saber la intención dice:

" (si muestra una sonrisa) "Tienes una sonrisa muy sexy y traviesa, como si tuvieras malas intenciones. Ja,ja me gusta ... "

O...

"Eso que acabas de hacer con tu cabello... me está volviendo loco... Y en realidad no estaba prestando atención a ninguna palabra que acabas de decir..."

Lo importante de estas frases es que se acaba la comodidad de la charla. Se queman las velas. No hay excusa para volver vuelta atrás, y sobre todo se introduce tensión sexual.

Al introducir una declaración de intenciones, se puede volver de nuevo a la charla corta, porque, de manera subyacente, ya habrá entre ustedes una tensión sexual. Una tensión que se está construyendo.

Aclaración: esta breve aproximación de ninguna manera suple la lectura de la obra de Bobby Rio, uno de los más renombrados autores de seducción. Si te ha interesado recurre a sus libros como los que cité.

La idea es acercarse al tema citando no sólo algunos de sus conceptos sino también sus constantes ejemplos y trucos prácticos, pero la lectura del autor brindará una profundización teórica en su estilo de seducción y muchos más consejos prácticos que van a permitir seguir mejorando.

Por lo tanto, si te ha gustado, o sientes que tu estilo de seducción se parece a la visión del Maestro Bobby Río... ¡No te quedes con esto! Es demasiado importante en tu vida la seducción.

ARDEN LEIGHT. SIRENAS SEDUCTORAS.

Arden Leight es autora de "Las Nuevas Reglas de la Atracción", libro en el que le da consejos a las mujeres para aprender a seducir hombres.

Plantea que los hombres han cambiado, se han vuelto más tímidos. La mujer debe a veces tomar la iniciativa y seducir al hombre que le interesa.

Ella critica los consejos clásicos de seducción a los hombres:

" Siempre se les dice que usen el lápiz labial, la ropa interior y el dormitorio como tácticas, y aunque me encantan esas cosas, si solo eso tienen en su arsenal, no van a llegar muy lejos (…) Las mujeres tienen que ir tras el hombre que quieren, dejar de perder su tiempo preocupándose de descifrar algún mensaje de texto que él le envió, y concentrarse en las debilidades de un hombre y descubrir qué lo puede dejar de rodillas".

Es muy insistente respecto de su propuesta de ir a la cacería del hombre que aman y no conformarse con aquel que las busca:

"También debes crear las instancias para conocer al hombre que te gusta, yendo a los lugares a los que él suele ir. Anda a ese bar o restaurante cuando sepas que él está ahí, y proponte alejarlo de sus amigos para poder estar a solas. No es acoso, es solo ser proactiva. La vida es demasiado corta para estar esperando que alguien nos encuentre".

Arden Leigh vela por una mayor autoestima de las mujeres. A menudo, las mujeres tienen que hacer frente a las inseguridades, mostrándose más sutiles y seguras. Deberían crear un club de fans para ellas mismas, transformarse en personalidades, en un ídolo para ser adorada"

También debes crear las instancias para conocer al hombre que te gusta, yendo a los lugares a los que él suele ir. Anda a ese bar o restaurante cuando sepas que él está ahí, y proponte alejarlo de sus amigos para poder estar a solas. No es acoso, es solo ser proactiva. La vida es demasiado corta para estar esperando que alguien nos encuentre",

Para ella la mujer es como una marca, y debe proyectar una imagen fuerte como lo hacen las grandes marcas.

Ella dice:

"Tu marca personal es algo que debe acompañarte a lo largo de tu vida""Igual que todas las compañías gastan mucho tiempo y esfuerzo en crear su marca para transmitir su mensaje a los potenciales clientes, debes hacer lo mismo con la imagen que proyectas".

Entre otros tips, ella recomienda:

"Desarrollar la atracción física, forjar una conexión emocional y asegurarse de que el hombre provee todo lo que la relación necesita".

En conclusión: la escritora se hace eco de una nueva mujer que trabaja, y de un nuevo hombre más tímido, y propone cambiar las viejas reglas, y tomar la iniciativa, pero dando consejos especiales para no asustar a la presa.

Dueña de su propia empresa de seducción, Seducción Sirens, va demostrando que la tendencia de fundar escuelas de seducción que brinden estos servicios no es solo para satisfacer la demanda masculina.

SEDUCCION CON PNL. ROSS JEFFRIES.

Ross Jeffries, es uno de los líderes, y pioneros mundiales de la comunidad de seducción.

Ross Jeffries (Paul Jeffrey Ross nacido el 20 de septiembre de 1958) es un escritor de comedia, y el creador de "Speed Seduction" (Seducción Acelerada).

Su método se basa en la programación neurolingüística y en las técnicas hipnóticas.

La programación neurolingüística (PNL) es un modelo de comunicación interpersonal que se ocupa fundamentalmente de la relación entre los comportamientos exitosos y las experiencias subjetivas —en especial modelos de pensamiento— subyacentes.

Algunas de las técnicas de PNL que este autor llevó a la seducción fueron los comandos incrustados, palabras de trance, el anclaje y la construcción de rapport.

En el libro El Método, de Neil Strauss, Neil se encuentra con Ross Jeffries, y éste seduce a una camarera utilizando anclajes.

A continuación un fragmento de "El Metodo" donde se ve el estilo de seducción de Jeffries:

"-Déjame que te pregunte algo. ¿Cómo sabes cuando alguien te gusta de verdad? O, dicho de otra manera, ¿qué señales recibes de la misma, desde tu interior, diciéndote que… -y en ese momento, bajó la voz, pronunciando cada palabra con extrema lentitud –ese… chico… realmente… te… atrae…mucho?

Después supe que el propósito de aquella pregunta era hacer que la camarera experimentase, en presencia de Ross, el deseo que va unido a la atracción, asociando así esa emoción con el rostro de Ross.

Ella permaneció unos instantes en silencio, pensando.

-Supongo que noto algo raro en el estómago, una especie de cosquillas.

Ross llevó la mano al estómago, con la palma hacia arriba.

-Entiendo –dijo-. Y supongo que cuanto más te atraiga, más te subirán las cosquillas. –Lentamente fue subiendo la mano, hasta llegar a la altura del corazón -.Te subirán hasta hacerte sonrojar; como ahora mismo.

-Eso es el anclaje –me susurró-. Consiste en asociar una emoción física, como el deseo sexual, a un gesto. Ahora, cada vez que Ross levante la mano, como acaba de hacerlo, ella se sentirá atraída hacia él.

Bastaron unos minutos más de hipnótico coqueteo para que la mirada de la camarera empezara a enturbiarse (…) Subía y bajaba la mano, como si de un ascensor se tratara, desde el estómago hasta el corazón, sonriendo al ver cómo ella se sonrojaba una y otra vez (…)

-¿Te sentiste atraída inmediatamente por tu novio? –le preguntó Ross al tiempo que hacía chasquear los dedos para liberarla de su trance-. ¿O tardó en surgir el deseo?

-Bueno, la verdad es que hemos cortado –dijo ella-. Pero sí, tardó en surgir. Al principio sólo éramos amigos.

-No te parece que es mejor sentir el deseo desde el primer momento? –Volvió a levantar la mano y la mirada de la camarera volvió a enturbiarse. Después Ross se señaló a sí mismo en lo que supuse sería otro truco de PNL encaminado a hacerle pensar que él era el hombre que le hacía sentir ese deseo (…) Pero, antes de que te vayas, quiero proponerte otra cosa. ¿Por qué no cogemos todas esas buenas sensaciones que tienes ahora y las metemos en este sobrecito de azúcar? –Cogió un sobre de azúcar y lo frotó contra su mano levantada-. Así te acompañará todo el día.

Le ofreció el sobre de azúcar. Ella se lo guardó en el mandil y se alejó, roja como una remolacha.

-Lo que acabas de ver es un ejemplo de anclaje condimentado –me explicó Gimble-. Incluso cuando Ross se haya ido, el sobre de azúcar permitirá que la camarera reviva las emociones que ha experimentado con él.

ADMIRACION ROMANTICA. MARTIN ROSS.

Este autor, en su libro "El Mapa de la Autoestima", propone un recorrido por el interior de nosotros mismos, y nos hace distintas preguntas que llevan a conocernos, llevan al auto-conocimiento, porque se considera para aprender seducción de manera avanzada en un mejor nivel de auto-conocimiento.

Dentro de este plano, dedica mucho espacio a las relaciones de pareja, y a los patrones y técnicas de la seducción. Propone que estudiemos la Admiración Romántica, como una suave locura que lleva a "idealizar" a la otra persona y no verla tal cual es.

En este sentido, indaga sobre las diferencias entre la Envidia y la Admiración. Mientras que con la envidia se sufre y se tiende a criticar y menospreciar al envidiado, con la admiración se disfruta y se tiene a sobreestimar al admirado. Así la admiración es la energía emocional que, cuando se desata de forma fuerte, desencadena la idealización del otro y el enamoramiento.

Se pregunta sobre las mujeres que se enamoran del hombre equivocado. Las razones psicológicas detrás de estas elecciones, aparentemente malas.

Propone el autoconocimiento a través de numerosas preguntas que apuntan a identificar nuestra posición dentro del "Mapa de la Autoestima". Respecto de la admiración romántica, sostiene que los perfectos no pueden seducir a nadie: en algún punto quien amamos es fuerte y tiene hazañas (méritos, logros, virtudes), pero en otro también es vulnerable.

Explora las formas de la dependencia emocional extrema. Considera que la dependencia puede ser buena en cuanto genera admiración romántica.

Mejor dicho: lo que es bueno es aprender, nosotros, a generar dependencia en la otra persona porque, con esta dependencia, podrá admirarnos, e idealizarnos. Aconseja diversas técnicas para generar esta atracción emocional intensa, y la admiración romántica que origina el enamoramiento.

Al explorar nuestra especial manera de seducir, se interna en nuestra infancia y en la formación de nuestra personalidad. Se interesa por la influencia de nuestros padres, y de aquellos que nosotros admiramos en nuestras primeras épocas.

Mientras que el progenitor del mismo sexo nos provocaba envidia, y por eso, tendíamos a reconocerlo menos, el del sexo opuesto nos provocaba admiración, y por eso lo idealizamos. A partir de todo ello, al internarnos en aquel proceso de nuestra personalidad, podemos conocer nuestra especial manera de gustar.

Propone distintas técnicas de lo que llama entrenamiento emocional. Dice que muchas personas que nos seducen y nos atrapan, logran estimular la dependencia emocional hacia ellas y con ello la idealización romántica. La dependencia emocional se exagera cuando consideramos sus sentimientos el termómetro de nuestro valor como personas: si nos quieren, valemos mucho, si nos desprecian, no valemos nada.

El desafío es tratar de generar un poco de dependencia en la otra persona a partir de distintos juegos de premios y castigos, que tienden a ponernos como un desafío, un premio, un riesgo. Este tipo de procesos, junto con la posición en el Mapa de la Autoestima de la otra persona, pueden determinar que se desencadene la admiración romántica y la idealización.

Por ello, es considerado un autor que no apela a la seducción normal, sino al enamoramiento, la más poderosa de todas las atracciones.

Se recomienda no usar sus técnicas para relaciones esporádicas porque puede generar emociones muy intensas.

A través del estudio de las diferencias entre la Envidia y la Admiración, se interesa por los patrones que generan el enamoramiento y cómo deben lograrse. Da las distintas pautas que permiten el Carisma y la dependencia emocional. La seducción, dice, es el Arte de Enloquecer a una persona, y el Amor Romántico es una suave locura.

Muy influyente en la psicología de parejas, Martín Ross también se pregunta sobre las razones que llevan a los fracasos en las parejas. Los enamorados nunca ven al otro como "realmente es", sino que idealizan de modo tal que la racionalización de los sentimientos solamente lleva a la rutina.

Según él, la admiración fue común a todos los pueblos. Todos tuvieron héroes o dioses, de manera tal que es natural, debe ser observada y estimulada. Así propone distintos ejemplos de parejas que, al principio, se admiraba, pero después, por no saber cuidarlo, cayeron en la rutina y el aburrimiento, o las peleas y los odios.

Se presentan distintas técnicas para manipular y producir estas emociones.

Muchos instructores de seducción que utilizan "El Mapa de la Autoestima" en sus talleres, usan la técnica de la Auto-admiración, de Martín Ross. El Héroe Interior es una técnica que da fuerza, y carisma.

Además, también en las escuelas de seducción, como en los talleres psicoeducativos, es muy utilizada la clasificación de Ross de los estados de la autoestima: Autoestima Derrumbada, Autoestima Vulnerable, Autoestima Fuerte.

Al describir las características de la "Autoestima Fuerte", es considerado por los interesados en el "Juego Directo". Las bases para utilizar la propia autenticidad para lograr una personalidad carismática.

Pero justamente con Autoestima Fuerte nos internamos en los gurús que proponen un llamado "Juego Directo". Veremos, más adelante, a los principales de ellos.

Otros libros de Martín Ross como "Sociología del Amor Romántico" y "El M.A.S. y EL M.A.P.: una teoría psicológica" se interesan por las "historias tipo" que conforman la manera de relacionarse de hombres y mujeres.

Por razones culturales, explica, las mujeres suelen sentirse más orgullosas de sí mismas si tienen el amor de un hombre. Por el contrario, los hombres suelen sentirse más orgullosos de sí mismos si logran disfrutar del cuerpo de una mujer.

Cuando un hombre está con muchas mujeres, los amigos lo respetan. Cuando una mujer está con muchos hombres, las amigas le dicen "Ellos te usan".

Entonces ello lleva a trazar toda una sociología del amor que sería muy complejo resumir aquí. A modo de síntesis, el autor nos da las pautas para evitar caer en historias tipo, encarnadas en personajes sociológicos que se repiten una y otra vez.

Entre esos personajes, destacan el Don Juan, la caída en la zona de amigos (temida por los hombres, donde no tienen su hazaña de disfrutar el cuerpo de la mujer, quienes caen en ella son socialmente despreciados), y la caída en la "zona de zorras" (temida por las mujeres, donde no tienen el respeto ni el amor del hombre, nunca podrán salir de allí).

Otros personajes típicos de esta sociología del amor romántico serían los "vendedores forzosos".

Martin Ross les llama así porque primero te imponen la compra del producto, y recién luego de que lo has consumido, te piden el precio.

Entre las "vendedoras forzosas" están las falsas ninfómanas. Son mujeres que se regalan sexualmente para ganar la atención de un hombre. Prometen que lo que ofrecen será solamente sexo y diversión porque, supuestamente, ellas buscan eso. Le regalan al hombre su hazaña de disfrutar del cuerpo de ellas. Pero es mentira: luego piden el pago del precio. La falsa ninfómana, luego de haber dado sexo, exige amor, y pretende que el hombre la respete, la quiera, y se enamore de ella. En realidad, todo había sido una gran manipulación. Vendedores forzosos son también los hombres que demuestran un gran amor a la mujer (le dan su hazaña) como cuando les regalan flores, las invitan a lugares impresionantes a comer afuera que demuestran todo el interés que tienen, les declaran un gran sentimiento....pero, en realidad, luego de haber dado eso, pretenden que la mujer "les pague" permitiéndoles a ellos el sexo.

Los vendedores forzosos tienen una torpe manera de relacionarse porque quien recibe la manipulación inmediatamente huye y generan un conflicto. Las vendedoras forzosas acusan al hombre de haberlas usado sexualmente y no haberles dado noviazgo o lo acusan de inmaduro; mientras tanto, los vendedores forzosos acusan a la mujer de histérica y aprovechadora que les comió la billetera.

A través de una profunda revisión de estos y otros personajes sociológicos tipo (que sería muy extenso resumir aquí), el autor permite identificar estos patrones, salir de ellos y lograr, en todo caso, utilizarlos a favor, sabiendo interpretar sus beneficios y detectar su significado.

SER IMPLACABLE. DAVID X. JUEGO DIRECTO DURO

David X, un hombre gordo, feo y obsceno, que se ha acostado con cientos de mujeres, propone la honestidad total y brutal como su forma de conquista.

David X sostiene que tiene muchísimas mujeres y que no entiende a los hombres con dificultades con las mujeres, da distintos seminarios sobre estrategias de seducción y conquista.

Está considerado como uno de los autores más directos. Propone un juego directo.

Hay que decirles a ellas lo que pretendemos en todo momento.

Su escuela se basa en dos reglas principales que son:
1- ¿A quién le importa lo que ellas piensen?
2- Tú eres la persona más importante en la relación.

Hay que establecer la reglas y atenerse a ellas.

Por ejemplo: si decimos "voy a decir algo una vez", entonces no hay que repetirlo. Los hombres deben contarle a ellas cuáles son sus reglas. Si un hombre no tiene "sus reglas", debe pensar cuáles son y establecerlas.

Indica que hay que tratarlas a todas por igual. Y que no hay grises en la seducción, solamente blancos y negros. Por eso se lo considera uno de los líderes del "direct game", donde la persona.

Su mensaje está centrado en mostrarnos duros, firmes, seguros.

David X escribe dando ánimo a los hombres, y de forma muy despectiva con las mujeres. También subraya la importancia de la honestidad: no hay que mentirles, no vale la pena.

Este tipo de juego directo también es recomendado por Allan Roger Currie.

Allan Roger Currie, en su libro "MODE ONE", explica que es la domesticación o cultura o rechazos o el ego lo que nos hace perder nuestro atractivo natural.

Fuimos criados para ser buenos, corteses y muy caballerosos. Justamente eso nos hace nice guys y hace que las mujeres pierdan interés en nosotros.

Ahí es cuando nos relacionamos en "MODE TWO". Nos lleva al MODE TWO la programación social, y el miedo de lo que las otras personas puedan decir sobre nuestros comportamientos. Generalmente el MODE TWO, es consecuencia del miedo a que nos rechacen si mostramos nuestras verdaderas intenciones.

El MODE TWO se caracteriza por expresar las necesidades, intereses, e intenciones, de una manera cautelosa, vacilante. El comportamiento es educado, considerado agradable y no ofensiva, mucha preocupación por la imagen y reputación ante las mujeres.

Con más artificialidad aún, aparece el MODE THREE. Aquí directamente se esconde, niega o camufla los verdaderos deseos, necesidades, intereses e intenciones de las mujeres. El comportamiento es hipócrita, miedoso. Típico del MODE THREE es pretender ser "solo amigos" con una mujer cuando se tienen otras intenciones.

En el MODE FOUR se vuelve a la sinceridad pero ya desde el resentimiento. Aparece después de que fuimos rechazados: resentimiento, odio a las mujeres, y deseo de venganza.

Más atractivos somos, en cambio, cuando permanecemos en el MODE ONE. Allí expresamos nuestras necesidades, deseos, intereses e intenciones de una manera muy segura, directa y sin disculparnos. No tratamos de hacer todo para tener la aprobación de ellas, sino que somos la sinceridad egoísta, comunicando con eficacia lo que realmente queremos.

Dentro de esta línea del juego directo, cabe destacar también a "Badboy" y su socio Shark, con la escuela de Badboylifestyle (la escuela de Badboy), y también debe su influencia de "Mode One" de Allan Roger Courie.

En conclusión, tanto David X como Allan Roger Currie recomiendan una estrategia directa y franca.

COCKY & FUNNY. DAVID DE ANGELO.

David de Angelo desarrolló el concepto Cocky & Funny (arrogante y gracioso) que plasmó en su libro Double your Dating.

DeAngelo estudió a "Los Naturales" (hombres que tienen mucho éxito con las mujeres) y llegó a la conclusión que ellos tenían en común estilo Cocky & Funny, y que, si se lo practicaba, se podía producir el mismo efecto.

Oscar Garrido, en su libro La Ciencia de la Seducción, toma casi todos los conceptos de De Angelo.

Una frase muy conocida de este autor es "La atracción, no es una opción". Alude a que no es una decisión intelectual y pensada el sentirnos enamorados o atraídos por una persona. Es algo que simplemente "sucede", y depende de las emociones. Por eso, hay que apuntar a las emociones antes que a la mente todo lo que se haga para seducir.

De Angelo advierte que las mujeres se sienten atraídas hacia un tipo de hombres que muestran una personalidad Arrogante & Gracioso.

La personalidad Cocky & Funny implica características notables de liderazgo, confianza, humor e independenica. Un toque arrogante y divertido que tanto atrae a las mujeres.

David de Angelo llega al Cocky & Funny tras la observación directa de los seductores naturales. Es decir: aquellos que, de forma inexplicable y naturalmente, atraen siempre a las mujeres.

Aconseja construir una propia imagen poderosa y suficiente. Mirarnos como algo de alto nivel. Encontrar el propósito o camino en la vida y no alejarse de él, mostrarse como una persona decidida.

Mantener siempre el propio propósito. Al respecto, aconseja no cambiar de planes para conformar al otro sino mantenerse decidido y colocando el propio rumbo por encima de lo que haga la otra persona. En las conversaciones telefónicas, debemos ser nosotros los que primero cortamos. Comportarse como si hubiera cien mujeres llamándote a diario.

Contener los propios impulsos emocionales y aprender a decirle "No puedo, estoy ocupado". Ella debe saber que tienes una vida al margen de ella. El Cocky & Funny es autosuficiente e independiente, y lo debe trasmitir todo el tiempo.

Las mujeres se fijan en detalles que los hombres no, como el cinturón, los zapatos, si la ropa combina. Aprender a mostrar clase y estilo. Fijarse en cosas como las uñas cortas y limpias, los dientes bien lavados, el pelo del cuerpo recortado y arreglado, enjabonarse varias veces en la ducha, usar perfume y desodorante. Si no te fijas en estos detalles, proyectarás que tampoco te preocupas por todos los restantes aspectos de tu vida.

Como Ovidio Nasón en "El Arte de Amar", De Angelo considera importante la escasez.

Es muy importante marcar los límites como rasgo de la personalidad Cocky & Funny Ellas quieren un hombre que mantenga el control sobre sí mismo, sobre ellas, pero nunca lo admitirán. También tienen un desprecio por la gente débil y se ven débiles los hombres que les pueden dar cualquier cosa que les pidan.

Los hombres comen de la mano de las mujeres y no dudan en darles cuanto ellas demandan. Así se muestran débiles. No hay que permitir una relación de servidumbre.

Los mayores enemigos son la necesidad y la inseguridad.

Cuando encuentres algo que a ella realmente le encanta, detente. Deja de hacerlo. Haz que realmente lo desee antes de volver a dar un poco más.
Cuanto más confianza gane ella, más difícil para nosotros tener éxito porque ya no tiene nada que negociar contigo. Ella necesita sólo subir su moral, eso es lo que va a buscar a la discoteca. Por eso, debemos mantenerlas siempre en la duda. Hay que confundirlas.

El hombre que sigue el estilo Cocky & Funny supone siempre un desafío a la otra persona. Da señales contradictoras, porque los seres humanos se sienten atraídos por cosas que son únicas y exclusivas.

TYLER DURDEN

Tyler Durden es otro de los capos de la seducción que ha influido mucho en todas los coaching de seducción en distintas partes del mundo.

Tyler Durden estudió Filosofía en la Universidad de Queens y ahora es el CEO y co-fundador de la empresa de seducción Real Social Dynamics (Dinámicas Sociales Reales o RSD

Influido también por la psicología evolutiva, publica las "10 cualidades alfa". Básicamente ser un "Macho Alfa" tiene relación con ser el líder de la tribu, y se diferencia con los "Beta" que son racionales, lógicos, faltos de carácter, tímidos, inseguros, y predecibles.

Intenta, como De Angelo, tratar de ser un natural, y para eso mejorar el juego interno. Como Martín Ross respecto de la Autoestima Fuerte, y los rasgos que la distinguen, Tyler Durden intenta describir aquellos rasgos que señalan al Macho Alfa, y los diferencia de los beta.

Tyler Durden señala como errores los movimientos nerviosos, el hablar demasiado rápido, reírse de los propios chistes, decir "¿cierto?" o "¿verdad?" después de una afirmación, mover las manos de acá para allá mientras hablas, entre otros.

Se trata de evitar mostrarse ansioso, dependiente, ávido de atención, -las características de Autoestima Derrumbada según Martín Ross-, y también de mostrar valor social -como señala Mystery--.

Otra cosa que Tyler Durden critica como propio de un beta, es sobrecompensar fracasos o errores, por miedo a ser juzgado -estilo Autoestima Vulnerable de Martín Ross-.

Si haces una mala presentación, dice Tyler Durden, o en una prueba, no digas estupideces como "estoy muy cansado". Incluso si realmente estás cansado, el mero acto de estar cansado, es como decir que buscas validación de la otra persona. Si llevas puesta una ropa mala, no digas "tengo mejor ropa en casa". Estas son las sobre-compesaciones típicas de un beta, y no de un alfa.

TD buscó un enfoque no basado en las rutinas, y comenzó a realizar pruebas de campo y a sus entrenadores para conseguir nuevos enfoques para enseñar a otros hombres. Esto culminó en el desarrollo de la filosofía del juego interno.

Hizo hincapié en el uso de centrarse en el crecimiento

personal y desarrollo para crear atracción. Completamente opuesto a las ideas que había tenido originalmente y que popularizo en los medios de comunicación, basadas en técnicas de "juego externo" (y sobre todo rutinas).

COMUNIDAD DE SEDUCCION EN ESPAÑA Y AMERICA LATINA.

Influidos por los autores antes descriptos, y otros autores, comienzan a desarrollarse comunidades de seducción en España e Hispanoamérica, donde surgen autores, con cada vez mayor voz propia, que van generando nuevos aportes a la ciencia de la seducción.

Destaca como pionero Oscar Garrido que, con su libro "La ciencia de la seducción", inspirado en gran parte las ideas del libro "Dobla tus citas" de David de Angelo.

El español Mario Luna publica un libro enciclopedia que resume gran parte de las técnicas y teorías de los autores como Mystery, David X, David de Angelo, llamado "Sex code. El libro de los maestros de la seducción".

Mario Luna utiliza el legado de Mystery y Style, y lo mezcla con PNL, "Haz como si lo fueras hasta que lo seas" es una de sus frases.

Es un concepto que parte de modelar: imitar a quien más nos identificamos, imaginarnos como si fuéramos esa persona, hasta que finalmente lo somos.

Según Mario Luna, el Líder de la tribu (LDT), es el estereotipo del hombre por el cual las mujeres se sienten atraídas ya que representa buenos genes, situación privilegiada y capacidad para protegerlas. Mario Luna con años de experiencia centrados en la seducción, poco a poco va desarrollando sus propios aportes, sus propias teorías, que no tardan en ganar influencia en el mundo hispano.

La reactividad es un concepto que utiliza en las interacciones de cortejo. Está muy bien no ser reactivo cuando una chica no muestra interés sexual hacia ti porque estás comunicando que tienes una vida.

La reactividad de Mario Luna también ha sido comparada con la Autoestima Vulnerable que plantea Martín Ross en su libro "El Mapa de la Autoestima".

De hecho, diferentes escuelas de seducción y entrenadores en tácticas sociales, utilizan estos conceptos de la Autoestima Vulnerable y la Dependencia Emocional del Mapa de la Autoestima, así como también resultan muy influyentes, en todo América Latina, los conceptos de Fabio Fusaro acerca de las rupturas amorosas y mantener una actitud de orgullo.

Como bien lo ha marcado Fusaro, no pocas veces el hombre abandonado cae víctimas de manipulación de una mujer que, a pesar de que lo abandonó (muchas veces para probar una nueva relación), quiere tener la seguridad de que no lo perdió y de que puede volver si quiere. Entonces, para prevenir caer en esas manipulaciones, resulta importante la indiferencia. También Mario Luna se interesa en el valor ADC (presentar tus puntos fuertes como negativos, presentar tus puntos débiles como positivos).

El valor ADC, inspirado en las Artes Venusianas de Mystery, es el "valor autodescualificatorio" y tiene que ver mucho con no esforzarte. No esforzarte por gustarle, ligártela, por encajar en su estándares y expectativas. Cada vez que no te esfuerzas estás ganando valor ADC y estás siendo más atractivo, porque los chicos que a ella le gustan, sus mitos, son tíos que digamos lo tienen todo en bandeja. Entonces, son tíos que no están acostumbrados a esforzarse.

Con la indudable influencia de los autores norteamericanos, pero poniendo su cuota de originalidad fruto de sus investigaciones de campo y sus intensas lecturas, Mario Luna, alias "Maestro de Maestros", crea "Maxvacuaro secuenciado", su método de seducción que lo presenta en el libro Sex-crack, y que consiste en una unificación de los juegos directo (David X, De Angelo, Badboy, etc.) e indirecto

(Mystery, Tyler Durden).

En la misma línea del Sex-crack que Mario Luna, y pocos años después, los argentinos Martín Pablo Albamonte e Ivan Rodriguez Duch publican el libro "Seducción Secreta" donde también reconocen la fuerte influencia de las teorías citadas en este trabajo más arriba, y prometen haberlas sintetizado en un método que, al igual que el Maxvacuaro Secuenciado de Mario Luna, fusiona el juego directo e indirecto. Es el método " SUSEC" de Albamonte y Rodriguez Duch.

El método "SUSEC", con una fuerte influencia del Mystery Method, propone las fases: 1) mentalidad (tu pensamiento moldea tu realidad) 2) preacercamiento (a través del lenguaje corporal y creando valor con el valor social) 3) acercamiento (el arte de la primera impresión) 4) atracción (generar atracción en la mujer antes de mostrar interés, al mejor estilo Mystery Method,) 5) Selección (mostrarse selectivo para ser un desafio) 6) beso 7) empatía 8) cita 9) sexo 10) 10 relación. Aquí también se ve la influencia de los tres estados de la Autoestima de Martín Ross (El Mapa de la Autoestima).

Es decir tanto en el Maxvacuaro del Sex Crack como en el "Susec" de Sedución Secreta, se advierte el intento de darle el Mystery Method un ingrediente de Juego Directo.

La escuela de seducción argentina "Seducción Secreta", de Albamonte y Rodriguez Duch, al igual que sus pares españolas, proponen talleres de seducción, y los instructores llevan a los alumnos a las discotecas para enseñarles a ligar, o a levantarse chicas.

Con apariciones en los medios, y un fuerte carisma, van demostrando que también pueden ayudar a conquistar con las técnicas por ellos desarrolladas y estudiadas.

En Argentina, también surge la escuela de seducción "LevantArt", de los coach de seducción Martín Rieznik & Mike Tabaschek, quienes publican el libro "El juego de la seducción. Todo lo que un hombre debe saber sobre mujeres". Los autores brindan el seminario Atraxión, en el cual enseñan en Buenos Aires el juego de la seducción.

El juego de la seducción de Rieznik y Tabaschek se divide en tres etapas: Atracción, Confort y Seducción. En la fase de "Atracción" se debe crear el valor, haciendo DAV, demostraciones de alto valor. Es decir: aunque con palabras más locales, y algunos aportes de propia cosecha, es el Mystery Method (M.M.). que repasamos más arriba.

Rieznik y Tabaschek hacen un libro muy completo de seducción, que demuestra que han estudiado muy en serio los autores conocidos, y le dan sus propio sello personal.

En Perú surge "Seducción Perú", liderada por el seductor alias "Yoshi", también llamado "Sp Yoshi", por ser uno de los instructores de seducción de "Seducción Perú". En Seducción Perú, se proponen romper con la matrix social – Day Game, Night Game, El video "los tres pilares de la seducción natural" donde toman conceptos David de Angelo, Allan Roger Courie, y también el seminario "Efecto alfa" donde toman ideas de Tyler Durden que las combinan con sus propios métodos, más adaptados a la cultura peruana.

Yoshi, de Seducción Perú, brega por un estilo más directo "Tú le estás creando una oportunidad para que ella te conozca y no al revés. No tienes que demostrarle cuánto es tu "valor", "qué tan alfa eres", o "qué tan desmarcado estás del resto". Tú simplemente ya lo eres y ella eventualmente irá dándose cuenta..."

El seminario de seducción de Yoshi, "Efecto Alfa", convoca decenas de peruanos, mostrando un creciente interés, y un nombre propio en la comunidad de seducción.

Volviendo a España, se destaca Luis Tejedor, alias "Egoland". Egoland Seducción es otra escuela de seducción importante de España. Es interesante destacar a la Lic. en Psicología

Laura Bosch quien, pertenece a dicha escuela de seducción, y dicta talleres de seducción para mujeres.

" Lo que os proponemos son herramientas de comunicación, que os inspiren y os ayuden a ser mucho más persuasivas, convincentes, y a sentiros cómodas con ello. A conseguir, más que nada, que os expreséis con mayor destreza." dice Laura Bosch en sus clases de seducción para mujeres, en Egoland.

Luis Tejedor, alias Egoland, estudia Psicología, es autor de libros de seducción, y lidera la empresa EgolandSeducción. Ayudan a hombres y mujeres a seducir. Mientras que en las escuelas de seducción tradicionales, están centrados principalmente en la perspectiva masculina, en Egoland también le enseñan a las mujeres a ligar. Mientras que todas las escuelas de seducción de latinoamérica, influidas por Mystery, ven el legado de la psicología evolucionista, Egolandseducción toma contenidos más propios del psiconálisis, y de la psicología conductista.

Luis Tejedor era instructor de seducción en "Seducción Científica", la empresa de seducción liderada por Mario Luna. Entonces ayudaba a los hombres a seduccir, los llevaba por las noches a ligar en las discotecas, y aplicaban la línea que seguía Mario Luna, fuertemente influida por Mystery, y por

David de Angelo. Sin embargo, Tejedor se apartó para fundar "EgolandSeducción".

Luis Tejedor basa su método en las tres C: "Carisma", "Conmover" y "Convencer". A diferencia de Martín Ross para quien el Carisma es una forma de Admiración (siendo que la Admiración se puede manipular, y se diferencia de la Envidia en que idealiza y ha creado los mitos, estudiando Ross los distintos tipos de personalidad carismática y la manera de obtenerla), Luis Tejedor, en cambio, ve el Carisma como seguridad y como personalidad.

Para que tengamos Carisma, Tejedor recomienda que nos imaginemos que somos un cacique indio de una tribu lejana. Imaginarnos que somos un líder de una tribu que mira con desprecio y compasión a toda la civilización decadente. Mediante esta postura, adquirimos esa seguridad necesaria para hablar y comunicarnos.

En España, también cobra auge la Escuela de Seducción "Seducción Elite" de David del Bass y Alvaro Reyes, con influencia de Mario Luna, el precursor en España con el sex code.

David del Bass y Alvaro Reyes dan clases de seducción, llevan a sargear por las noches a sus clientes, y publican libros de seducción, en los que se advierte la influencia de los autores norteamericanos. David del Bass narra sus experiencias en "Secretos de un Seductor", explicando cómo mejoró desde que conoció los secretos de la comunidad de seducción, siendo una persona que nunca ligaba.

En sus libros, David del Bass hace hincapié en los conceptos del Mystery Method, como por ejemplo la importancia de los DAVS (demostraciones de alto valor).David del Bass, gran humildad, relata sus experiencias anteriores, y cómo mejoró a partir del estudio de la seducción, siendo un maestro de la seducción muy admirado y reconocido por los resultados que da con sus enseñanzas.

De estos libros publicados por David del Bass y Alvaro Reyes, cabe destacar "Cómo ligar con whats app". El libro reconoce una fuerte influencia del libro "Magnetic messages" de Bobby Rio, y Rob Judge -inicialmente escrito para mensajes de texto- y traduce estos mismos conceptos al whats app. Por ello nos remitimos a lo que hablamos a respecto a presentar a Bobby Rio.

Con fuerte influencia de Fabio Fusaro (sus conceptos resumidos más arriba), Andrés Cazares escribe la guía

"Volver con ella. Todo lo que necesitas para recuperarla en pocos días", y también el libro "Volver con él" donde les da consejos, con clara impronta fusariana, a las chicas para recuperar a sus hombres.

En Colombia, surge la figura de Alvaro Bonillas (alias Naxos), quien con su estilo "Seducción Inteligente". Naxos alienta a sus seguidores a un estilo de seducción madura, que se aleje de los comportamientos de niños o de adolescentes, y descartando la manipulación. Además, busca promover la búsqueda de una vida extraordinaria. Alvaro Bonillas es psicólogo, filósofo, life coach, y master trainer en PNL.

En otras palabras, tanto de los principales teóricos como desde los más nuevos, se va consolidando la seducción como técnica. Los autores latinos le dan una impronta más local, y pasional, aportando sus propios desarrollos, e impulsando nuevas escuelas de seducción que, ante los buenos resultados que les dan a sus alumnos, van ganando mayor impulso.

CONCLUSION

A partir del trabajo del académico Andreas Baranoswsky, The science of seduction, quedó en claro que la seducción puede estudiarse como una ciencia y que hay evidencia empírica que respalda que es una habilidad que puede aprenderse y desarrollarse.

En las Facultades de Psicología aún no conforma una materia de estudio autónoma. Por eso, desde la informalidad van surgiendo "comunidades de seducción" y "escuelas de coaching" que responde a una demanda legítima del mercado.

Según consideran Almong y Kaplan, la comunidad de seducción trata de dar respuesta a la frustración de los hombres, identificados con el estereotipo "nerd" , que no pueden seducir mujeres y se trata de paliar sus dificultades naturales con todo un equipo de herramientas conceptuales que convierten al cortejo en una suerte de juego geek.[1]

---

1 Almog, R., & Kaplan, D. (2017). The nerd and his discontent: The seduction community and the logic of the game as a geeky solution to the challenges of young masculinity. Men and Masculinities, 20(1), 27-48.

De manera muy crítica, Almong y Kaplan, tras un repaso de los principales autores como el aquí citado Mystery, concluyen que los "artistas del ligue" adoptan un avatar que deshumaniza las relaciones para todas las partes, contribuye a la hegemonía de una masculinidad del estereotipo y suspende las consideraciones morales.

Aún sin tantas críticas, Kay considera que la comunidad de los Artistas del Ligue, reproducen preocupaciones acerca del rito del cortejo que tienen largo aliento y que pueden verse en personajes como Don Juan y Casanovas.[2]

Más allá de que la creciente influencia de este tipo de literatura -algunos de sus principales referentes han sido citados aquí- comienza a despertar críticas y recelos en la comunidad académica y científica, lo cierto es que responde a una demanda. Al fin y al cabo poder mejorar en esta materia de la vida es una preocupación de larga data.

La gente quiere perfeccionar sus habilidades para relacionarse con el sexo opuesto, porque eso es importante para lograr una mayor calidad de vida.

---

2   Kray, T. R. (2018). By means of seduction: pickup-artists and the cultural history of erotic persuasion. NORMA, 13(1), 41-58.

En este trabajo, se repasaron algunas de las principales tendencias teóricas de esta naciente ciencia de la seducción. Debido a esta situación descripta se citaron, indistintamente, autores académicos muy importantes como la antropóloga Helen Fisher, y "Gurús" de ventas masivas como "Mystery".

Poco a poco estos conocimientos se irán perfeccionando, y será posible delimitar mejor cuál es un aporte valioso en la disciplina y cuál otro carece del rigor empírico necesario.

Mientras tanto, este pantallazo general puede servir para que podamos identificar que autor se corresponde más con nuestro estilo o personalidad y, así, poder profundizar en su lectura y conocimiento, para poder desarrollar nuestra mejor versión.

Si la Psicología es una ciencia, entonces la Seducción forma parte de ella.

BIBLIOGRAFÍA.

1- "*Dobla tus citas*". David de Angelo.

2- "*31 dias para mejorar tu juego*". Booby Rio.

3- "*Magnetic messages*". Bobby Rio y Rob Judge.

4- "*Pequeñas charlas sexys*". Bobby Rio.

5- "*Paradigma del seductor*". Bobby Rio.

5- "*Cómo ligar en Whats app*". Alvaro Reyes, David del Bass.

6- "*Se implacable*" David X.

7- "*Mi novia. Manual de instrucciones*". Fabio Fusaro.

8- "*Mi ex novia: Cómo actuar luego de una ruptura, cómo recuperarla, cómo recuperarnos*". Fabio Fusaro.

9- *"The science of seduction"*. Andreas Baranoswky.

10- " *Introducción al narcisismo"*. Sigmund Freud.

11- *"Why we love"*. Helen Fisher.

12- *"Why Him? Why Her?: Finding Real Love By Understanding Your Personality Type"*. Helen Fisher. Kindle Edition.

13- *"Apocalipsex. Los 10 mandamientos de la seducción"*. Mario Luna.

14- *"El método"*. Neil Strauss. Editorial Planeta,

15- *"The Mystery Method: How to Get Beautiful Women into Bed"*. Mystery. Erik Von Marcovik. St. Martins Press

16- *"El arte de amar"*. Erich Fromm. Kindle edition.

17- *"El arte de amar"*. Ovidio.

18- *"10 Alpha behaviours for breakbeat"*. Tyler Durden.

19- *"Las Nuevas Reglas de la Atracción"* Arden Leight.

20- *"El Mapa de la Autoestima"*. Martín Ross. Editorial Dunken.

21- *"Sociología del Amor Romántico"*. Martín Ross. Kindle Edition.

22- *"El M.A.S. y el M.A.P.: una teoría psicológica"*. Martín Ross. Ediciones Universidad.

23- *"Mode one"*. Alan Roger Currie. Booklocker.com, Inc.

OTROS LIBROS DE ALEJO RYB:

TECNICAS DE LA EMOCION: resumen de los principales libros para mejorar la inteligencia emocional. Alejo Ryb.

COMO HACERTE RICO SEGUN DONALD TRUMP: RESUMEN DE LOS LIBROS DE DONALD TRUMP Y DE SUS CONSEJOS PARA HACERTE MILLONARIO. Alejo Ryb.

(Disponibles en Kindle y en Paper en AMAZON).

www.ingramcontent.com/pod-product-compliance
Lightning Source LLC
Chambersburg PA
CBHW062017280526
45787CB00005B/2131